A Parábola

Do

Deus que Dança

Parábola do Deus que Dança God
ISBN: 978-1-960761-00-2
©C. Baxter Kruger 1994
First published 1994, republished 2000, 2010, 2022

Nova biografia de C. Baxter Kruger

Baxter é casado com Beth há 40 anos. Juntos eles têm quatro filhos e quatro netos, e vivem em Brandon, no estado de Mississippi (Estados Unidos). Ele recebeu seu Ph.D na Kings College, na Universidade de Aberdeen (Escócia), sob a orientação do professor James B. Torrance. O Dr. Kruger é autor de nove livros, incluindo os bestsellers The Shack Revisited, Patmos, e seu mais recente e curto livro, A Parábola do Deus que Dança (disponível em português), além de diversas publicações, centenas de horas de aulas e diversos estudos online – todos disponíveis na página perichoresis.org. O Dr. Kruger vem viajando o mundo há mais de 30 anos, levando as boas novas da nossa inclusão em Jesus e na sua relação com o seu Pai no Espírito. Ele adora cozinhar lagostins, fazer iscas de pesca artesanais e jogar golfe, e ama passar tempo com seus netos.

Projeto da Capa: Tom Carroll, South Australia
Ilustrações: Dianne C. Bryan Jackson, MS
Layout do livro: Karen Thompson, Western Australia

OUTROS TÍTULOS DE
DR. KRUGER DISPONÍVEIS:

Across All Worlds:
Jesus and the Undoing of Adam
The Great Dance
God Is For Us
HOME
The Secret

Uma Nota Sobre a Palavra *"Pericorese"*

A aceitação genuína acaba com o medo e a tendência a se esconder, e cria a liberdade de conhecer e ser conhecido. Nesta liberdade, surge uma comunhão e um compartilhamento tão honestos, abertos e verdadeiros que as pessoas envolvidas habitam uns nos outros. Há uma união sem a perda da identidade individual. Quando um chora, o outro sente gosto de sal. É apenas no relacionamento trino entre Pai, Filho e Espírito que um relacionamento pessoal deste tipo ocorre, e a Igreja primitiva usava a palavra "pericorese" para descrevê-lo. A boa notícia é que Jesus Cristo nos atraiu para dentro deste relacionamento, e a sua plenitude e vida devem se desenrolar em cada um de nós e em toda a criação.

Para maiores informações sobre o Dr. C. Baxter Kruger ou Perichoresis,
visite Perichoresis.org

"*A Parábola do Deus que Dança* é a melhor base teológica para se ancorar a mensagem do Coração Paternal de Deus. Este livreto contém uma mensagem que bilhões de dançarinos que não dançam de todo o planeta precisam desesperadamente."

– Tom Hallas, diretor de campo, YWAM, Ásia-Pacífico

"Eu havia tentado acertar por 55 anos, 11 meses, e 16 dias. Eu tentei bastante, mesmo. Já havia passado das 11 horas naquela noite, quando decidi que tinha que ler este pequeno livreto chamado 'A Parábola do Deus que Dança' que meu genro havia enviado para mim. Quando estava por volta da terceira página, eu senti como se tivesse sido atingida na cara por uma frigideira. Eu me recostei no travesseiro, desnorteada e disse: 'Deus, será que tenho pensado errado durante toda a minha vida?' A resposta era um simples claro 'sim'. E isso é só a ponta do iceberg."

–Julian Fagan, advogado, Amory, Mississippi

Para meu filho

James Edward Baxter Kruger

Índice

Introdução

Você já conheceu alguém que ansiava por rejeição? Eu suponho que possa haver alguém por aí que anseie por tal coisa, mas eu duvido. A própria ideia de alguém desejando ser rejeitado, desprezado ou excluído é absurda. Todos nós odiamos a rejeição. E nós a odiamos porque ela dói – e dói de uma forma que poucas outras coisas conseguem. Pense em uma menina de 10 anos que quebra seu braço na escola e tem que ser levada às pressas para o hospital. O braço quebrado com certeza dói, mas os médicos aplicarão a anestesia, engessarão o braço e ela ficará bem. Alguns dias depois, ela voltará à escola como uma quase heroína – todos os colegas vão querer assinar o seu gesso. Agora pense na mesma menina descendo do ônibus chorando, porque sua melhor amiga riu dela e caçoou dela na frente dos outros. Sua mãe tenta consolá-la, mas de alguma forma as palavras de conforto de uma mãe não são tão poderosas quanto as palavras de rejeição de uma amiga. E não existe anestesia para atenuar esta dor. Não existe gesso para imobilizar um coração ferido. Muito provavelmente, a menina vai passar a tarde em seu quarto, chorando sozinha. Quando ela voltar à escola, ela será uma menina machucada e este machucado fará com que ela fique temerosa, cautelosa e hesitante. Isto é o que a rejeição faz com a gente. Ela nos transforma. Ela faz uma pessoa ficar cautelosa e hesitante, até mesmo desconfiada, e a leva a buscar alguma forma de se esconder.

Mas por que a rejeição nos fere tão profundamente? Eu desconfio que o poder da rejeição venha da forma como fomos "programados", por assim dizer. Nós fomos feitos para a aceitação. Nós fomos feitos para ficarmos cheios de vida quando somos aceitos. Como um peixe prospera e floresce na água, os seres humanos prosperam e florescem na aceitação. Ela é o nosso habitat natural. Nós não funcionamos muito bem, e certamente não somos felizes, sem ela.

O maligno sabe muito bem sobre a forma como fomos feitos. Ele sabe o que acontece com um peixe quando é tirado da água, e ele sabe o que acontece conosco quando somos "tirados" da aceitação. Ele é um especialista em rejeição, e sua estratégia principal é convencer-nos de que não somos aceitáveis. Ele tem um arsenal de truques que usa em nós, alguns óbvios e outros mais sutis, mas o seu truque mais frequente, de longe, é nublar o nosso entendimento de Deus. Este é o maior de todos. Se ele conseguir nos convencer de que Deus nos rejeitou, ou até mesmo de que Deus não gosta de nós ou não nos quer, então o jogo da vida acabou. Nos tornamos como a menina de 10 anos sentada sozinha em seu quarto, chorando. Quando finalmente saímos de nossos quartos, saímos como pessoas feridas, e esta não é uma receita para a a comunhão e a vida. Tudo isso é muito simples. A rejeição acaba com nossa liberdade para viver.

Naturalmente, Jesus sabe tudo sobre o poder da aceitação. Ele tem vivido na liberdade e alegria do abraço do Pai e no seu deleite indescritível desde sempre. Ele sabe que o Pai não é um legalista, e ele ficou horrorizado e profundamente ofendido com a forma pela qual os pretensos líderes religiosos de sua época mancharam seu Pai com suas interpretações legalistas. Então ele decidiu mudar a noção deles sobre Deus – e a nossa – para que todos nós pudéssemos conhecer e sentir o abraço amoroso e a aceitação do Pai, e conhecer sua liberdade e alegria no âmago de nossos seres, e então viver.

Lucas 15 é sobre o ataque mais direto de Jesus aos pensamentos equivocados sobre Deus. Mas cuidado ao escutar Jesus. Seu Pai é bom e Seu amor é apaixonado. Ter um vislumbre da verdade sobre Deus pode despertar no seu ser uma liberdade e uma alegria que você pensava antes somente serem possíveis em sonhos.

O Evangelho segundo Lucas, Capítulo 15

A esta altura, muitos homens e mulheres de reputação duvidosa estavam na companhia de Jesus, ouvindo atentamente. Os fariseus e os eruditos religiosos não estavam satisfeitos, nem um pouco satisfeitos. Eles rosnaram: "Ele acolhe os pecadores e come com eles, tratando-os como velhos amigos". A murmuração deles provocou esta história.

"Imaginem se um de vocês tivesse 100 ovelhas e perdesse uma. Você não deixaria as 99 ovelhas na mata e iria atrás da ovelha perdida até encontrá-la? E quando a encontrasse, você pode ter certeza de que a colocaria em seus ombros, se alegrando, e quando chegasse em casa chamaria seus amigos e vizinhos, dizendo: 'Comemorem comigo! Eu encontrei minha ovelha perdida!' Esteja certo disso: há mais alegria no céu pela vida de um pecador resgatado do que por 99 pessoas boas que não precisam ser resgatadas.

"Ou imagine uma mulher que tem 10 moedas e perde uma. Você não acha que ela acenderá uma lâmpada e vasculhará a casa, olhando em cada canto até que ela a encontre? E quando ela a encontrar, pode ter certeza de que ela chamará seus amigos e vizinhos e dirá: 'Comemorem comigo! Eu encontrei minha moeda perdida!' Esteja certo disso: este é o tipo de festa que os anjos de Deus fazem toda vez que uma alma perdida retorna a Deus."

Então ele disse: "Houve, uma vez, um homem que tinha dois filhos. O mais novo disse a seu pai: 'Pai, eu quero receber a minha herança agora'.

"Então, o pai dividiu a propriedade entre eles. Pouco tempo depois, o filho mais novo fez suas malas e partiu para um país distante. Ali, indisciplinado e esbanjador, ele desperdiçou tudo o que tinha. Depois que ele gastou todo o seu dinheiro, uma grande fome assolou o país e ele começou a sofrer. Ele foi empregado por um cidadão daquela terra, que deu a ele a tarefa de ir aos seus campos para dar lavagem aos porcos. Ele estava tão faminto, que teria comido até as espigas de milho da lavagem, mas ninguém deu nenhuma a ele.

"Isso fez com que ele despertasse. Ele disse: Todos aqueles lavradores que trabalham para meu pai têm direito a três refeições por dia, e aqui estou eu, morrendo de inanição. Vou voltar para o meu pai. Eu direi a ele que pequei contra Deus e que pequei diante dele. Direi que não mereço ser chamado de seu filho. Pedirei então que me aceite como um empregado". Ele se levantou rapidamente e voltou para a casa de seu pai.

"Quando ele ainda estava a uma grande distância, seu pai o viu. Com o coração batendo forte, seu pai correu, o abraçou e o beijou. O filho começou seu discurso: 'Pai, eu pequei contra Deus e eu pequei diante de você. Eu não mereço ser chamado de seu filho nunca mais.'

"Mas o pai não estava ouvindo. Ele estava dizendo a seus servos: 'Rápido. Tragam roupas limpas e o vistam. Ponham o anel da família no seu dedo e sandálias em seus pés. E então peguem uma novilha alimentada com grãos e a assem. Nós teremos um banquete! Nós nos divertiremos muito! Meu filho está aqui. Ele tinha sido dado por morto e agora está vivo!

Tinha sido dado por perdido e agora foi encontrado! E eles

começaram a se divertir muito.

"Durante todo este tempo, o filho mais velho estava nos campos. Quando o trabalho do dia estava terminado, ele tomou o caminho de casa. Quando já se aproximava, ouviu a música e a dança. Ele chamou um dos criados, e perguntou a ele o que estava acontecendo. O criado disse: 'Seu irmão voltou para casa. Seu pai ordenou que fosse feito um banquete de carne assada, porque ele voltou para casa são e salvo.

"O irmão mais velho se retirou, irritado e amuado, e se recusou a participar. Seu pai saiu de casa e tentou falar com ele, mas ele não queria ouvir. O filho disse: 'Veja quantos anos eu fiquei aqui servindo o senhor, nunca trazendo sequer um momento de preocupação. Mas será que o senhor já deu uma festa para mim e meus amigos? Então esse seu filho que desperdiçou seu dinheiro em prostitutas aparece aqui, e você dá um grande banquete!'

O pai então disse: 'Filho, você não entende. Você está comigo o tempo inteiro, e tudo que é meu também é seu. Mas entenda: este é um momento maravilhoso e tínhamos que celebrar. Este seu irmão estava morto e agora está vivo! Ele estava perdido e agora foi encontrado!"

Capítulo 1:

Uma Parábola do Deus que Dança

A terceira parábola de Jesus em Lucas 15 é, sem dúvida, uma de suas mais famosas. Também é a sua mais amada. Ela é sobre um pai e seus dois filhos. E este fato, por si só, já torna a parábola cativante para nós. Ela é mais conhecida como "A Parábola do Filho Pródigo". Talvez este nome tenha ficado mais famoso porque a história do filho "rebelde" vem primeiro, e porque ela é muito real e comovente. Mas há muito mais na parábola que a jornada deste filho. É por isso que a história não acaba quando ele finalmente volta para casa. Ela continua, e o filho mais velho assume o protagonismo. Se fôssemos nos concentrar neste filho e em sua vida, o título da parábola deveria ser algo como "a parábola do filho cego", ou "a parábola sobre não entender nada". Mas, na verdade, esta história não é sobre o filho pródigo e nem sobre o filho cego. Ela é sobre o pai. Ele é a figura central. E Jesus está usando este pai e sua relação com seus dois filhos para nos revelar a verdade chocante sobre Deus.

Esta história é sobre quem Deus é e como Ele é na realidade. É sobre a forma como Deus pensa. É sobre a forma como Deus age em relação a nós. É sobre o coração e a alegria do Pai. É a história de um Deus em quem podemos acreditar – a parábola do Deus que dança.

Jesus escolhe a pior pessoa que poderia encontrar e coloca o

Pai correndo atrás *dele*. Este arremedo de filho, Jesus nos conta, é o alvo do anseio intenso, da paixão e da afeição do Pai. *Ele* é o objeto do carinho do Pai e de Seu perdão incondicional e sem qualquer condição atrelada.

Jesus descreve uma imagem de Deus parado na varanda do céu, observando o horizonte em busca do menor sinal da sombra do seu filho a retornar. E uma vez que Ele vê *este* filho, Jesus retrata o Pai correndo e abraçando-o, e ordenando que uma grande festa fosse feita em sua homenagem.

Mas que imagem de Deus! E eu digo a você que não há, em toda a Bíblia, afirmação mais importante sobre Deus que o versículo 20: "Ele ainda estava bem longe, na estrada, quando o pai o avistou. O coração do velho disparou e ele correu para abraçar e beijar o filho". *Ele* estava extremamente emocionado em vê-*lo*.

A primeira pergunta para todos nós, e talvez a única pergunta, é esta aqui: Será que já nos encontramos com este Pai? Já nos encontramos com o Deus desta parábola? Será que O conhecemos? Será que você não consegue sentir o coração de Jesus aqui? Será que você não consegue ver, como que escritas em sua face, as palavras: "Você *precisa* conhecer o verdadeiro Deus?" Será que você não consegue sentir Jesus lutando contra toda a falsidade da concepção de Deus que reinava em seu tempo? Será que você não consegue ouvi-lo dizendo a si mesmo: "Se eles pudessem apenas encontrá-Lo e conhecê-Lo, isso mudaria tudo"?

O Verdadeiro Deus

Esta parábola, em conjunto com as duas que vêm antes dela, são contadas por Jesus como uma resposta direta à crítica aparentemente "virtuosa" da liderança religiosa. A "liderança" da igreja institucional judaica não gostava do fato de que Jesus Cristo *recebia* pecadores (v. 2). Vigaristas e pecadores, excluídos e fracassados, todos estavam sendo atraídos a ele, e ele os estava tratando como velhos amigos. Ele estava feliz em vê-los. Ele estava animado com a presença deles e até mesmo comia com eles e frequentava suas festas. E esta atividade tão incomum rapidamente se encontrou sob a vigilância do sempre presente olhar religioso.

"Grande pessoa santa você é, Jesus, abraçando pecadores. Será que você não tem nenhuma religiosidade, Jesus? Como você pode passar tempo com essas pessoas? Como você pode receber tais pecadores iníquos e blasfemadores?"

Você quase consegue sentir a reação de Jesus. Ele certamente ficou chocado com o escrutínio e julgamento deles. Mas é mais que choque, é descrença. "Vocês estão falando sério? Será mesmo que vocês são tão alienados? Vocês não entendem mesmo por que eu abraço pecadores e como com eles? Eu faço isso porque é assim que Deus é! Porque meu Pai corre para abraçar esses pecadores e come com eles, e ele dá uma festa grande e generosa para cada um deles."

"Aqui," Jesus diz, "deixe-me contar mais sobre isso a você."

É isso que está acontecendo nessas parábolas. Jesus está respondendo à maneira como as grandes mentes de Israel pensam sobre Deus e à maneira como seus pensamentos sobre Deus os levam a julgá-lo. E ele tem um choque para eles. Eles estão totalmente errados e ele ataca o pensamento deles.

Essas parábolas de Jesus são um ataque direto, uma ofensiva total e frontal, contra a ideia pervertida dos fariseus sobre Deus e a forma como ele atua. Eles acham que Deus é um contador. Eles acham que Deus está nos monitorando. Eles acham que Deus está fazendo uma lista de tudo que fazemos, para saber quem é malvado e quem é bonzinho.

E eles acham que esses pecadores têm menos chance que uma bola de neve em uma banheira quente, porque eles são somente meros fracassados. Estas pessoas não se *qualificaram* para o favor divino. Elas não fizeram nada para Deus. Na verdade, elas fizeram todo o possível para se desqualificarem de tudo o que é divino – quer dizer, de tudo menos da punição certa.

Mas Jesus coloca Deus abraçando esses "fracassados". Jesus, o verdadeiro Filho do Pai, que está no seio do Pai (Jo 1:18) e que O conhece profundamente (Mt 11:27), propõe um desafio teológico que os deixa completamente chocados. Ele vira a teologia deles de cabeça pra baixo. Em vez de um contador, criador de listas e legalista divino, Jesus os confronta com a imagem de um Deus que dança em plena alegria por conta de um fracassado que volta para casa. Ele os confronta com um Deus que na verdade é um corredor divino, que corre atrás dos pecadores e que faz festas para aqueles que não se qualificam de forma alguma para receber Seu favor.

Em vez de um Deus que julga com rapidez – um *juiz linha dura*, que está sempre com a mão na corda do alçapão e só procura uma desculpa para puxá-la – a versão de Deus que Jesus apresenta é a de um Pai incrível, que com firmeza e persistência, permanece exatamente o que é, um Pai, mesmo e especialmente quando Seus filhos se tornam rebeldes, perversos e desobedientes.

Não existem listas de boas e más ações no coração desse Pai. Não existe um passo a passo farisaico e religioso para o perdão. Não há nenhuma menção de perdão aqui e especialmente de ter que merecê-lo de alguma forma. Porque o perdão já está realizado. Ele está, nas palavras de Jesus, "finalizado".

Esta história é sobre um filho que é e permanece um filho, porque ele tem um pai que é e permanece um pai. Esta história é sobre um pecador que desperta para a realidade e descobre a verdade sobre quem ele é, por conta de quem Deus é. Esta história é sobre um filho que descobre grandes verdades: *ele* tem uma casa, *ele* tem um pai, e *ele* tem uma herança que não pode jogar fora. Esta história é sobre conhecer a Deus, conhecer e acreditar na boa nova do coração imutável de Deus Pai.

O filho está perdido no país distante e chora. Ele está triste, pois sabe no fundo de sua alma que falhou. Ele não pode escapar do gosto amargo de sua vergonha. Sua alma está sendo assolada pela humilhação e pela impotência. Ele não pode desfazer seus erros. Tudo o que ele pode sentir ou dizer é: "Ó meu pai... Eu pequei contra os céus e pequei diante de seus olhos e coração. Eu não sou mais digno de ser considerado seu filho. Aceite-me como um de seus empregados."

Ele sente o peso da humilhação e da condenação. E assim mesmo, no meio de tudo isso, Jesus faz com que o evangelho saia da boca deste filho. Ele proclama o evangelho para si mesmo nas profundezas de sua tristeza, mas não o ouve. É apenas retórica. Você percebeu o que esse filho disse? Ele disse: "Vou voltar para o *meu pai*" (v. 18). Da sua boca sai a verdade que ele não pode ver, muito menos ousar acreditar – ainda.

Apesar de tudo o que ele fez, um fato permanece inabalável, imutável, sólido como uma rocha. Existe uma herança que ele não pode jogar fora. *Ele* tem um *pai*.

Enquanto ele ainda está longe, enquanto ele está ensaiando

o seu discurso "talvez eu possa conseguir um lugar com meu arrependimento", a verdade cai sobre ele como um poderoso trovão. Seu pai é *seu pai.*

O que cai sobre a cabeça deste filho é o fato de que ele não pode mudar o coração de seu pai. O seu pai não o ama pelas coisas que ele faz. O seu pai não para de amá-lo porque ele se rebelou e falhou miseravelmente. Seu pai é seu pai – não importa o que aconteça. *Ele é* e permanece o *filho* amado porque seu pai *é e permanece seu pai.*

Esse pobre garoto pensa, como todos pensamos, em termos religiosos. Ele pensa que pode e deve fazer alguma coisa. Ele sabe que estragou tudo, mas acha que talvez com sua tristeza e seu arrependimento ele possa ganhar pontos com seu pai. Ele acha que apesar de ter desperdiçado tudo de forma rebelde, talvez sua lamentação, talvez seus lamentos profundos, talvez sua humildade e religião, talvez uma dessas coisas faça com que ele consiga pelo menos um emprego e um pouco de comida.

É isso que ele está fazendo. Ele está usando a religião porque ele acha que ela talvez possa despertar a compaixão de seu pai. Mas que impactante, glorioso e incrível é o fato de que ele não consegue sequer abrir sua boca. Ele levanta sua cabeça e vê seu pai correndo. Ele para subitamente e logo em seguida já está sendo abraçado por seu pai. Tudo o que ele sente é o abraço e o beijo de seu pai. Tudo o que ele vê é seu pai dançando alegremente por conta dele.

Jesus está dizendo: "É dessa forma que Deus é, e é dessa forma que Ele pensa e age".

Mas o menino ainda assim não entende. Ele ainda pensa que é sobre o que *ele faz*, e não percebe que é sobre quem *Deus é.* Não tem nada a ver com ele, e tudo a ver com Deus. Ele ensaiou seu discurso, e está determinado a botá-lo para fora. E ele realmente faz isso: "Pai, eu pequei contra os céus e pequei diante de seus olhos e coração; *não sou mais digno* de ser chamado de seu filho". Mas perceba o que o texto diz em seguida: "Mas o pai *não estava ouvindo*".

Nós temos este grande discurso, esta confissão, mas o pai não está interessado. Ele não está nem um pouco interessado. Tudo o que o menino vê é seu pai dançando alegremente. Tudo o que ele ouve como resposta são os gritos de seu pai: "Peguem a melhor túnica e ponham sobre ele, peguem as sandálias e ponham em seus pés, peguem o anel da família e ponham em seu dedo e acendam a churrasqueira! Nós faremos uma festa! *Meu* filho estava morto, mas agora está vivo. Eu pensava que o havia perdido, mas ele voltou para casa."

A gloriosa boa nova da graça está emanando do ser do pai e de suas ações. O evangelho envolveu este menino e abafou seu melhor discurso. Muitíssimo é dito através dessa única imagem.

"Filho, isso não é sobre a *sua* opinião de si mesmo. Isso não é sobre seu valor. Isso não é sobre ganhar pontos comigo. Isso não é sobre o que *você* faz ou deixa de fazer. Isso é sobre o fato de que *eu sou* seu pai e, portanto, *você é* meu filho. Isso é sobre você descobrir quem eu realmente sou e, portanto, quem você é – seu lugar é junto a mim. Isso é sobre você descobrir como você é conhecido. Isso é sobre você conseguir ver as verdadeiras riquezas da sua herança em mim e ser preenchido com um grande *aleluia!* Isso é sobre você *desfrutar* da minha relação com você."

Uma Nota sobre o Céu e a Igreja

Diz-se que, apesar de a Bíblia falar frequentemente sobre o céu, ela não nos fala muito sobre como ele de fato será. Bom, se você quiser saber como o céu é, aí está. Ele é uma festa. Ele é um banquete. Ele é uma comemoração feita por Deus Pai, e ele é o dançarino principal. O céu é uma festa do Pai, onde você é o convidado de honra – apesar de todas as falhas que o desqualificam.

A primeira destas três parábolas diz que há "alegria no céu" (v. 7) por conta de um pecador salvo. Na segunda parábola, os anjos de Deus fazem uma festa quando um pecador desperta e deixa sua nulidade para se voltar ao Pai. Na terceira parábola, não há menção de alegria no céu, nem de anjos fazendo festa; há apenas esta maravilhosa imagem do Deus que dança. Há apenas esta imagem vívida do *Pai* correndo, abraçando e beijando seu filho caído e ordenando que seja feita uma grande comemoração.

Isso é o céu. É o entusiasmo de Deus; é a dança alegre do Pai, culminando na maior festa de toda a história.

Esta não é uma maravilhosa imagem do que a igreja deve ser aqui e agora – a alegria divina tomando forma em nossos corações e gerando uma comemoração? Nos dias de hoje, gostamos de "modelos" quando falamos sobre a igreja. Bem, aqui temos um grande modelo: a igreja que festeja.

Este não é o próprio cerne do evangelismo? Não seria incrível se as pessoas, como o irmão mais velho (v. 25), viessem do trabalho, ouvissem a música e a dança na igreja e quisessem saber o que está acontecendo?

Este não é o próprio cerne da nossa missão? Será que nosso

chamado não é ser um povo que comemora, um povo que está tão animado e cheio da graça e alegria de nosso Pai, que sua comemoração chama a atenção do mundo?

Religião

Jesus contou esta parábola para confrontar e atacar o entendimento equivocado de Deus que permeava a religião institucional em sua época. Ele a contou para gerar uma reforma, uma revolução. Ele a contou para liberar as pobres pessoas que estavam vivendo – ou tentando viver – sob as amarras de uma teologia baseada em listas. E ele a contou como uma séria chamada ao arrependimento. E eu acho que ele a contou em lágrimas. Porque ele viu que as pessoas religiosas de seu tempo não estavam indo à festa de Deus. Elas estavam ofendidas. A maior preocupação de Jesus nesta parábola é com os irmãos mais velhos do mundo e com o fato de que eles estavam perdendo esta oportunidade.

Há poucos versículos na Bíblia mais tristes que o versículo 28: "O irmão mais velho se retirou, irritado e amuado, e se recusou a participar". Ele ficou amargurado e não quis ir à festa.

Jesus nos conta que o irmão mais velho ficou amargurado. Isso aconteceu por conta de sua teologia. Isso aconteceu porque, durante toda a sua vida, ele estava se relacionando com um pai que ele pensava que era como um contador, um fazedor de listas. E ele também manteve seus próprios registros. E, como esses seus registros, ele nunca havia falhado uma única vez: "Olhe só! Por tantos anos eu venho lhe servindo e nunca recusei sequer uma ordem sua; e você nunca me deu sequer um cabrito, para que eu pudesse me alegrar com meus amigos" (v. 29).

Você consegue ver o que está acontecendo aqui. Este irmão havia feito tudo corretamente. Ele havia sido completamente obediente. Ele havia seguido as regras. "E você nunca me recompensou. Além disso, quando esse seu filho devasso surge vindo de um país distante, você logo ordena uma comemoração, e faz papel de bobo babando nele na frente dos servos. Você deveria estar envergonhado, pai! Isso não é justo! Isso é ultrajante! Isso é abominável!

Você consegue imaginar a expressão no rosto do pai quando ele percebeu que seu filho havia estado com ele (na igreja) todos esses anos, e ainda assim nunca havia entendido seu jeito de ser? Ele deve ter ficado chocado, entristecido e de coração partido.

"Filho, do que você está falando? Você não entendeu nada. Você me pergunta por que eu nunca lhe dei um pouco de carne para fazer uma festa com seus amigos? Filho, *tudo isso é seu*, e sempre foi seu – você não *sabia* disso?

Dê uma olhada nos versículos 11 e 12: "Um certo homem tinha dois filhos. Então o mais novo deles disse a seu pai: 'Pai, dê-me a minha parte da propriedade'. Então, o pai a dividiu entre eles." Você percebeu isso? Ele a dividiu entre *eles*.

Tudo o que o pai possuía já havia sido dado ao irmão mais velho. Já era dele. O presente já havia sido dado a ele. E, mesmo assim, o irmão mais velho passou todos aqueles anos tentando merecer aquilo, tentando merecer *o que já era seu*. E ele nunca aproveitou o que tinha. Ele nunca compreendeu seu pai, ou a generosidade dele. E ele nunca aproveitou seu pai e nem seu presente abundante e generoso.

Ele poderia estar comemorando esse tempo todo. Mas ele não podia aceitar o presente nesses termos. Ele tinha que inventar seus próprios termos. Ele transformou isso em uma religião. Ele passou seu tempo tentando merecer o que já era seu, e mantendo registros rígidos para ter certeza de seu merecimento.

Seu episódio de raiva e ressentimento em relação a seu pai e ao grande banquete feito em honra a seu irmão perdido não foi uma explosão temporária. Foi a raiva vinda de todo o padrão de sua vida. Foi a expressão de sua teologia distorcida e de sua segurança falsa.

Ele nunca havia entendido a graça. Ele nunca havia comemorado a graça. Ele nunca havia *aproveitado* seu generoso pai. Ele nunca havia conhecido realmente seu pai e nem a vida em sua casa. Ele havia interpretado seu pai e o que o motivava de forma completamente errada. Entretanto, ele não tinha ideia disso. Tudo o que ele conseguia pensar é que a situação era muito injusta. E ele se recusou a ir à festa.

É nisso que as pessoas religiosas de todas as gerações acabam caindo. Elas inventam suas próprias condições. Em vez de reconhecerem suas próprias falhas e insignificância para então desfrutarem da graça pura do Pai, e viverem em seu abraço amoroso, elas criam uma religião. Elas criam definições imaginárias, para que possam convencer a si mesmas de que são boas, justas e amorosas. E as coisas acabam se tornando tão distorcidas e equivocadas, que elas não conseguem aceitar um Pai generoso que abraça e aceita os caídos, nem um Jesus que os recebe livremente e os trata como velhos amigos.

Elas nunca chegam a conhecer o verdadeiro Deus e a vida em Seu deleite. Seu farisaísmo os impede de ver e experimentar Sua graça. Elas nunca chegam a participar da festa divina. Como poderiam? Essas pessoas não se veem como totais fracassos, sem poder algum de mudar sua situação – elas estão praticando uma religião.

Inevitavelmente, a amargura se acumula em seus corações quando elas veem a liberalidade do abraço do Pai e Seu banquete generoso. E sua presença religiosa bloqueia a reação maravilhada dos pecadores, e transforma a comemoração em um ato entediante de "serviço religioso" a Deus, que é morto e carece de glória.

O texto diz que o pai saiu de casa e começou a suplicar ao irmão mais velho (v. 28): "Venha, filho. Essa é sua festa também. Essa é nossa comemoração. Essa é a vida em minha casa. Junte-se a nós, esse é o seu lugar." A palavra usada para "suplicar" aqui é *parakaleo*. É uma palavra usada no Novo Testamento para exortação no poder do Espírito. Ela é usada, por exemplo, em 2 Cor 5:20: "Portanto, somos embaixadores de Cristo, como se Deus estivesse lhes *suplicando* por nosso intermédio. Por amor a Cristo lhes imploramos que venham à festa."

O pai suplicou, implorou a seu filho mais velho, pelo poder do Espírito, que fizesse parte da comemoração. Mas o filho não queria ouvir. Ele não podia aceitar. Não fazia sentido para ele. Sua religião e sua falsa segurança o impediam de entender. E ele resistiu o Espírito e se recusou a ir à festa.

Algumas Perguntas Honestas

Agora vamos dar um passo atrás e pensar sobre tudo isso. Como podemos interpretar essa história?

Jesus nos confronta com um Deus que não é exatamente como esperávamos. Esse Deus é chocante. Jesus vira tudo de ponta cabeça. As pessoas religiosas, aquelas que normalmente achamos que entendem tudo sobre Deus, acabam perdendo o mais importante. E os fracassados rebeldes se maravilham com o Pai e com a festa que Ele dá por conta de Sua alegria por eles.

Qual é o nosso lugar nesta imagem? Uma maneira rápida de encontrar uma resposta honesta é fazendo a nós mesmo uma pergunta sobre como escutamos esta parábola. Ao escutarmos, nós tomamos o lado de alguém. Nós a escutamos por meio dos ouvidos de um dos personagens. Pode ter sido o filho mais novo ou o mais velho. Pode ter sido o pai, ou até mesmo Jesus, aquele que nos contou a história. Mas todos nós certamente nos identificamos com uma dessas figuras e vimos as coisas através de seus olhos.

É importante pensar sobre essa questão da identificação. Ela tem a capacidade de nos sondar e revelar nosso verdadeiro pensamento – o pensamento que pode estar oculto, mas ainda assim afetar profundamente nosso ser e nossa forma de viver. Esta questão traz à tona o que podemos chamar de nossa "teologia prática". Ela é diferente da teologia que discutimos na igreja ou em grupos de estudos bíblicos. A teologia prática é nosso pensamento sobre Deus que está de fato trabalhando em nós e sobre nós. É o pensamento da alma. Fazer, de forma honesta, a pergunta sobre como escutamos a história nos ajuda a ver o que realmente pensamos em nosso ser mais profundo.

Vamos começar com o filho mais novo. Se você se identificou com ele, então pare e olhe honestamente para sua vida.

Encare de frente sua falsidade, suas falhas, seu orgulho, seus erros e seus desperdícios. Faça a si mesmo esta pergunta: Será possível que este pai da parábola é *Deus*, e pensa sobre mim como Ele pensa sobre este filho? Será que, mesmo com tudo que fiz e deixei de fazer, Deus é e permanece sendo meu Pai, se enche de compaixão por mim e corre em minha direção para *me* abraçar com pura alegria?

Será possível que Ele esteja vindo agora mesmo – e não amanhã, ou quando eu morrer ou quando eu finalmente arrumar minha vida, mas agora mesmo –, com pleno conhecimento de quem eu sou e do que eu fiz, e esteja gritando para Seus servos, pedindo que tragam Sua melhor túnica, sandálias e o estimado anel da família para colocar em *meu* dedo?

Você consegue acreditar que Deus seja assim? Você consegue acreditar que Deus Pai esteja entusiasmado por conta de você? Você consegue acreditar que ele esteja ordenando que uma festa seja feita por sua causa? Você consegue acreditar que Deus é assim neste momento? Se a resposta é "não", então eu digo a você, irmão ou irmã, que se arrependa! É isso mesmo, arrependa-se! Mude seu pensamento e suas crenças completamente. Pare de acreditar em mentiras tão grotescas sobre nosso Pai. Dê uma olhada demorada no versículo 20: "Mas, quando ele ainda estava a uma grande distância, seu pai o viu. Então, movido de compaixão por ele, seu pai correu, o abraçou e o beijou." Memorize-o. Creia no Deus que você vê aqui. Alimente-se da verdade. Beba-a. Desfrute-a. Sente-se e fique maravilhado com nosso Deus e Pai.

Agora, vamos pensar no irmão mais velho. Se você se identificou com ele, então a questão que você deve encarar é o que podemos chamar de "religiosidade".

Sendo totalmente honesto, faça a si mesmo esta pergunta: Será que eu tenho esperanças em meu coração de que a minha religião me fará ganhar pontos com Deus? Será que penso que minha bondade e minha obediência me farão ser aceitável ao Pai? Será que penso que minha presença na igreja, humildade e confissão afetarão o coração de Deus? Será que penso que, de alguma forma, a relação d'Ele comigo depende de meu desempenho religioso? Se você estiver pensando assim, então eu digo a você, irmão ou irmã, que se arrependa! É isso mesmo, arrependa-se! Pare de acreditar em mentiras tão grotescas sobre Deus, nosso Pai. Dê uma olhada demorada no versículo 31: "Meu filho, você sempre esteve comigo e tudo que é meu também é seu". Memorize-o.

Você está sendo confrontado aqui com um Deus que já o aceitou em Jesus, e já lhe deu tudo que possui n'Ele. Como você pode conquistar o que já é seu? Não se subestime. Esqueça o seu registro e venha conhecê-Lo. Maravilhe-se. Venha à festa da graça, dada pelo Deus que dança. É sua festa também.

Agora, vamos olhar para o pai por um momento. Se você se identificou com o pai nesta história, então eu digo a você que não deixe os irmãos mais velhos orgulhosos desse mundo transformarem a festa em religião, transformando assim a igreja em uma funerária. Tome cuidado com aquele orgulho farisaico que se esconde por trás de nossa humildade e nosso serviço. Os humildes são aqueles que estão conscientes de suas falhas e estão completamente deslumbrados com o fato de que Deus os têm perseguido em Cristo, abraçado e aceito mesmo assim.

A humildade é a aceitação da graça. É a aceitação do chocante e imerecido abraço de Deus em Jesus. Tome cuidado com aqueles que ficam orgulhosos com aquilo que fazem por Deus, em vez de se preencherem com aquilo que Deus fez por eles. Mas deixe de suplicar a eles que venham à festa. Não desista. Não pare de dizer a eles que a festa é deles também. E mantenha seus olhos voltados ao horizonte.

Se você se identificou com Jesus, aquele que nos contou a

história, então eu digo a você que continue a se lamentar por aqueles que ainda não conseguem ver e por aqueles que se recusam a crer. Mas jamais pare de contar a história. Continue sempre a contá-la, até que a igreja entenda a mensagem uma vez mais. Continue sempre a contá-la, até que a igreja do próximo milênio se torne uma igreja maravilhada, uma igreja chocada com o Deus verdadeiro e, portanto, uma igreja que comemora, que fica tão cheia da alegria do Pai, que o mundo ouve o som da festa e quer saber o que está acontecendo.

Que o coração do Pai possa nos deslumbrar assim.

Oração e Perguntas para Reflexão

Pai, obrigado por seu amor intenso por mim. Ajude-me a crer que seu amor é a coisa mais verdadeira do universo. Mostre-me onde, quando e como eu não estou permitindo que você me ame. Lave minha alma ferida com a alegria da sua afeição, para que eu possa conhecê-Lo com Jesus na liberdade do seu Espírito. Amém.

1) Por que você acha que Jesus contou a história do Pai e seus dois filhos?

2) Por que você acha que Deus gosta de tê-lo em sua criação?

3) Coloque-se no lugar do filho mais novo, no momento em que ele olhou para a estrada à frente e viu seu Pai vindo em sua direção. Quando o Pai olha para você, o que você vê expresso em Seu rosto? Por quê?

4) Por que é difícil para você crer no Pai de Jesus?

5) Como a sua relação com seus pais afetou a forma como você vê Deus? De que formas seus pais são parecidos e diferentes do Pai que Jesus retrata?

6) Você acha que Jesus é mais acolhedor e misericordioso, mais carinhoso e acessível que Deus Pai? Se você pensa assim, qual é base da sua visão de Deus?

7) Você concorda com essa afirmação: "O perdão do Pai precede a sua fé e o seu arrependimento"? Por quê?

Capítulo 2

A Parábola Revisitada

Nós revisitamos esta grande parábola porque mais deve ser dito sobre a declaração inicial do capítulo: "A esta altura, muitos homens e mulheres de reputação duvidosa estavam na companhia de Jesus, ouvindo atentamente". E mais deve ser dito sobre a acusação dos fariseus e eruditos religiosos: "Este homem recebe os pecadores" (v. 2)

Por um lado, esta *acusação* traz uma grande esperança para todos nós, porque nos apresenta um Deus que recebe os pecadores com avidez e alegria. Este homem me recebe como eu sou, sem fingimento. Por outro lado, entretanto, esta acusação, em conjunto com a declaração inicial, é algo que condena a igreja.

Você acha que as pessoas de hoje em dia descrevem a igreja como o lugar que recebe os pecadores? É esta a forma como as pessoas em sua comunidade descrevem o que é a igreja, o que a sua igreja, faz? Será que sua igreja seria acusada de receber os pecadores, assim como Jesus foi? Os pecadores se esforçam para ouvir o que temos a dizer, como se esforçavam para ouvir Jesus?

No meio de um sermão para crianças sobre esta parábola, as crianças e eu encenamos a sua cena central. Nós pusemos um filho mais velho trabalhando nos campos, servos ao redor da casa e um filho mais novo no país distante. Eu representei o papel do pai. E quando o filho mais novo entrou no santuário vindo do país distante, eu corri pelo corredor gritando: "Ele chegou! Ele chegou! Ele chegou!" Assim como o pai da parábola, eu corri e o abracei, e ordenei que os servos pegassem a túnica, as sandálias e o anel da família e preparassem um banquete. Não foi um momento entediante!

Mas, bem no meio disso tudo, o Senhor nos proporcionou uma nova parábola, uma parábola viva. Eu a vi acontecendo com o canto do meu olho, quando voltava do país distante. Ela envolveu meu próprio filho, Baxter. Eu percebi que ele cobria seus olhos e balançava sua cabeça enquanto eu corria e gritava na igreja. Várias pessoas viram isso e comentaram comigo após o culto.

Depois de sairmos da igreja, nós dois voltamos para casa juntos. Eu perguntei a ele: "Filho, eu te envergonhei durante o sermão para crianças?"

Ele disse: "Sim". Quando eu perguntei "Por que?", ele respondeu: "Eu não sei, pai".

Eu disse: "Filho, você já me viu agir assim mil vezes e nunca ficou envergonhado. Pense na vez em que eu estava treinando a sua equipe de *buddy ball*, ou quando estávamos ensinando a Laura a andar de bicicleta, ou quando a Kathryn estava aprendendo a andar, ou quando estávamos apenas brincando pela casa. Você me vê agindo assim o tempo inteiro. Eu sou assim."

E ele disse para mim: "Eu sei disso, pai. Mas na *igreja* não!"

Isso pode até ser engraçado no começo, mas a graça dura apenas um momento. Eu não ri nem um pouco. Foi como se uma estaca estivesse sendo cravada em meu coração. Tristeza instantânea.

Um Olhar Honesto Sobre a Igreja

Eu estou ciente, é claro, que os pais são uma fonte constante de vergonha para seus filhos. Mas havia mais coisas envolvidas neste caso específico que somente vergonha habitual causada pelos pais. De alguma forma, Baxter havia recebido a mensagem de que, seja lá o que mais a igreja for, é também o lugar onde não é certo ser o Papai.

"Não tem problema, Papai, que você seja você mesmo quando estamos brincando ou quando você está ajudando a Laura a andar de bicicleta ou quando você está em casa, ou em quase qualquer outro lugar; mas não é certo agir assim na igreja. Não é legal ser você mesmo aqui. Você deve deixar isso em casa."

Independentemente de tudo o que ele aprendeu em seus seis anos na Terra, ele certamente aprendeu que a igreja é o lugar em que você não pode ser você mesmo, você não pode ser verdadeiro. Na melhor das hipóteses, é o lugar em que você para de ser você mesmo por um tempo. Na pior das hipóteses, é o lugar onde você finge ser algo ou alguém totalmente diferente de quem de fato é. É o lugar onde tudo é bem diferente da vida real.

Aquela conversa rápida com meu próprio filho me entristeceu bastante. Ela me fez refletir seriamente. Espero que ela tenha o mesmo efeito em você. Espero que ela o afete e assombre da mesma forma que me afetou e assombrou. Pode ser que esta história venha a ser a nossa salvação.

Garotos pequenos assim logo crescem, e então dão adeus à igreja. Eles vão embora. A igreja é artificial. Ela não é real. Ela é sobre fingir. Ela é sobre se vestir de certa forma. Ela é sobre colocar uma máscara, uma *persona*, uma imagem. Ela é algo alheio, estranho e irrelevante para a vida real. Qual é o sentido?

Eu gostaria de poder dizer que esse tipo de conversa é uma rara exceção à regra geral, ou algum tipo de anomalia estranha. Mas não é. Esse tipo de coisa acontece comigo o tempo todo. Eu sei, por exemplo, que quando as pessoas descobrem que eu sou um pregador, algo muda na dinâmica da conversa. Há uma hesitação súbita, um aumento das defesas, uma cessação da honestidade; então uma máscara surge, e as palavras religiosas começam a sair da boca, ou então a conversa simplesmente para por completo.

Pouco tempo atrás, eu e um amigo almoçamos juntos. Depois, nós fomos pegar um portão de ferro decorativo que ele havia encomendado. Era uma peça muito bonita, um trabalho manual da melhor qualidade. A loja inteira estava viva, por conta da criatividade. Havia lamparinas a gás feitas de bronze, e centenas de outros itens feitos à mão. Eu fiquei fascinado, e não perdi tempo: aproveitei para conversar com o dono. Ele me mostrou o lugar. E conversamos. Não só sobre bronze, ferro e cobre, mas sobre muitas coisas.

Depois que saímos, estávamos dirigindo de volta para a igreja, e meu amigo se voltou para mim e perguntou: "Você sabe que se eu tivesse lhe apresentado como um pregador, você nunca teria tido aquela conversa?" Eu respondi que estava plenamente ciente daquele fato, e isto me entristeceu profundamente.

Em algum ponto na história, a igreja e os pregadores transmitiram a mensagem que o Cristianismo é sobre *ser bom*, e não sobre *ser perdoado*. E isso significa que as pessoas pensam que têm que se endireitar, se tornar boas, antes que possam ser aceitas.

Quando chegamos à igreja, meu amigo me disse que se aquele homem da loja soubesse que eu era um pregador, ele teria mudado sua linguagem, seu comportamento, seus maneirismos, sua apresentação – tudo isso para que pudesse ser considerado aceitável por mim. Ele teria colocado uma máscara ou se tornado algo diferente, para que pudesse ser recebido e aceito.

Por que isso acontece? Por que esse homem teria sentido a necessidade de mudar para se tornar aceitável para mim? Porque o Cristianismo atual proclama a mensagem de que não somos aceitáveis como somos. O Cristianismo atual é sobre se tornar aceitável. Nós temos que alcançar um alto grau no termômetro de bondade antes que possamos ser recebidos.

De alguma forma, através da mistura de cultura e religião, a mensagem que foi transmitida foi que a base da aceitação das pessoas por Deus está *nelas*, no que elas fazem ou deixam de fazer – está em sua bondade.

Mas na verdade, como Martinho Lutero viu com tanta clareza, a base da nossa aceitação está completamente fora de nós. Ela não tem nada a ver conosco, ou com o que fazemos ou deixamos de fazer. A base da nossa aceitação está em Jesus Cristo, o presente de Deus para nós. Nós somos aceitos nele, por causa dele. Ele nos tornou aceitáveis.

Vem à minha mente uma passagem de um sermão bem conhecido, pregado por Benjamin Baker: "Jesus veio para tirar as pessoas boas da sua bondade e levá-las à graça. Ele veio para tirar as pessoas íntegras da sua integridade e levá-las à integridade de Deus."

Alguns meses atrás, eu conheci um jovem de cerca de 35 anos de idade. Nos tornamos amigos, e no decorrer da conversa ele começou a me contar sua história e falar um pouco sobre suas dificuldades. (A propósito, ele não sabia que eu era um pregador – nós havíamos nos conhecido através do *buddy ball*) Eu o convidei para ir à igreja. Ele não estava interessado em igreja. Ele disse que havia frequentado a igreja toda sua vida. À medida que conversamos sobre isso, ficou claro para mim que ele simplesmente não acreditava mais que a igreja tinha respostas para as perguntas da vida real. A igreja não estava conseguindo lidar com a verdadeira dor da vida das pessoas. A igreja não era real. *"Sensacionalismo"*, eu acredito, foi a palavra que ele usou. "Eu não preciso de religião; eu preciso de vida."

Veja bem, o objetivo dessas histórias não é nos trazer um sentimento de culpa. O objetivo é nos ajudar a ver o que está acontecendo. É nos ajudar a ter um olhar honesto sobre a "igreja", e sobre o que está acontecendo, para que possamos começar a encontrar respostas reais.

Quando estávamos na Escócia, o Senhor me fez encarar essa questão de frente. Ele me colocou de frente a uma bela igreja. Ela era ornamentada, e tinha uma arquitetura marcante. Mas ela estava *fechada*, desativada, e a placa na porta dizia algo como: "Mackenzie e Mackintosh, corretores imobiliários". Vimos muitas vezes belas igrejas que haviam se tornado escritórios de advocacia, pubs, restaurantes e estúdios de dança.

Esta memória tem sido motivo de reflexões dolorosas por vários anos agora. Ela me assombrou quando eu estava ensinando naquele país. Ela me fez pensar sobre o que eu poderia dizer para estes estudantes de teologia – que logo seriam pastores – que seria verdadeiramente diferente do que foi dito quando as igrejas morreram e fecharam.

Existem, é claro, muitas camadas que devem ser consideradas neste tipo de pergunta. Há inúmeros livros, artigos e sermões sobre esta questão, e todos eles são, sem dúvida, úteis. Mas, na minha opinião, Lucas 15:1 e 15:2 dizem muito para nós e para a igreja em geral: "A esta altura, muitos homens e mulheres de reputação duvidosa estavam na companhia de Jesus, ouvindo atentamente".

A Atração de Jesus

De alguma forma, a luminosidade de nosso Senhor Jesus Cristo atraiu os pecadores – ela transmitiu esperança para eles. De alguma forma, eles se sentiram confortáveis com ele. Eles vieram até ele. Eles eram francos com ele. Sua presença e seus ensinamentos não os deixaram na defensiva ou hesitantes. Eles não sentiram que precisavam colocar máscaras. Ele era totalmente diferente da religião organizada.

Essas pessoas haviam se afastado da igreja de sua época há muito tempo, pelo menos em seus corações. Você quase consegue ouvi-los dizendo: "Mas este homem é diferente. Algo neste homem afeta o meu coração. Há uma autenticidade inconfundível neste Jesus. Ele é uma pessoa simples. Ele não está contra mim. Ele está a meu favor."

"Este homem não me faz sentir envergonhado e sem valor, mesmo que eu saiba que sou culpado e caído. E eu sei que ele sabe quem eu sou, como minha vida é e como eu realmente sou – e ainda assim ele está comigo, e a meu favor. Há algo incrível sobre esse homem. Eu posso ver em seus olhos. Eu vejo compaixão. Eu vejo misericórdia. Mas há algo muito mais profundo que isso – eu vejo perdão. Este homem não me condena. Na verdade, ele me faz me sentir em casa, aceito, reconhecido, amado e até mesmo valorizado – do jeito que sou.

A atração de Jesus Cristo está no fato de que ele não condenava as pessoas; ele as aceitava. Ele não irradiava condenação como os fariseus; ele irradiava aceitação.

Há uma cena bem comovente no finalzinho do filme *Tombstone*. Wyatt Earp vai visitar Doc Holliday, que está morrendo de tuberculose. Há uma curta conversa entre dois grandes amigos, em que Doc Holliday diz a Wyatt Earp: "Wyatt, você foi o único ser humano que conheci em minha vida que me deu esperança."

E é isso que emanava de Jesus Cristo – esperança, verdadeira esperança, para fracassados *como fracassados*.

Em vez de acabar com conversas, em vez de fazer as pessoas sentirem que não podiam ser elas mesmas em sua presença e que tinham que forçar um ar religioso, ele irradiava uma esperança tão forte que os pecadores vinham a ele como pecadores, e se esforçavam para ouvir o que ele tinha para dizer. Ele proporcionava a eles a liberdade de virem como realmente eram, naquele momento e lugar, e conversarem. Sem máscaras – não havia necessidade de usá-las. Ele os aceitava como eram. Pois ele não estava interessado em absolutamente nada – exceto nos pecadores *como pecadores*. Sua boa nova era para eles, no lugar em que estavam, e exatamente como eram.

O que cava um fosso ao redor da igreja e a separa das pessoas é sua falha em comunicar a mensagem de "não condenação" aos pecadores. A irradiação é um fenômeno espontâneo. Todos nós irradiamos algo. A pergunta é: o que irradiamos? Será que as vibrações que irradiamos fazem as pessoas se sentirem em casa? Será que elas fazem as pessoas sentirem que encontraram sua casa?

Podemos chamar qualquer homem da rua para vir à igreja, e ele provavelmente dirá: "Eu irei à igreja quando tiver arrumado minha vida". De alguma forma, as pessoas sentem que a igreja não é para pecadores, e nem para pessoas que batalham e caem e estão quebrantadas. Ela é para pessoas que têm sua vida em ordem – pelo menos na superfície.

Mas as pessoas quebrantadas, os batalhadores e os retardatários, os caídos, todos foram atraídos por Jesus Cristo. Eles sentiram sua aceitação, e eles se *esforçaram* para ouvir o que ele tinha para dizer.

Tornando-se a Verdadeira Igreja

Como fazemos isso? Como podemos emitir esse tipo de vibração? Como podemos chegar ao ponto em que as pessoas são atraídas por nós?

Como podemos chegar ao ponto em que nossa apresentação como cristãos ou pregadores não acaba com a conversa, e sim a faz fluir com honestidade e verdade? Como podemos chegar ao ponto em que as pessoas realmente se esforçam para ouvir o que temos a dizer?

Como podemos chegar ao ponto em que as pessoas saibam em suas almas que, seja lá o que mais representemos, nós as fazemos sentir a liberdade – e mais ainda, a ordem – de serem verdadeiras, de serem quem são, sem fingimento, sem nada a esconder? Como podemos exalar e irradiar esperança para as pessoas ao nosso redor?

A resposta a estas perguntas é que não podemos fazer tudo isso. Isso não é algo que fazemos. É algo que acontece conosco. Tanto quanto eu posso entender, é algo que se forma espontaneamente no mais profundo de nossos seres. E isso acontece conosco e dentro de nós, à medida que descobrimos e encontramos o verdadeiro Jesus Cristo repetidas vezes em nossas próprias vidas.

Há duas partes críticas nesta afirmação. A primeira é a expressão: "o verdadeiro Jesus Cristo". A segunda é a expressão: "em nossas próprias vidas". Talvez a melhor forma de expressar isso seja "em nosso íntimo", porque a descoberta do verdadeiro Cristo e o ato de conhecê-lo não são coisas abstratas. É um conhecer que ocorre nas profundezas de nosso ser, e em meio a uma consciência palpável de nossa própria falência.

Por "verdadeiro Jesus Cristo", eu quero dizer o Cristo que foi enviado pelo Pai para nos reconciliar e nos levar de volta à casa; o Cristo que veio por nós e tomou para si nossas falhas e pecados, assumiu plena responsabilidade por eles e lidou com eles; o Cristo que jamais virará as costas para nós, nos abandonará, ou desistirá de seu perdão, não importa o que aconteça.

E por "em nossas próprias vidas", eu quero dizer que *nós* ficamos cara a cara com a realidade de que as seguintes afirmações de Paulo se aplicam diretamente a *nós*, tanto a *mim* quanto a *você*: "pois todos pecaram e estão destituídos da glória de Deus" (Rom 3:23) e "Não há nenhum justo, nem um sequer; não há ninguém que entenda, ninguém que busque a Deus. Todos se desviaram, tornaram-se juntamente inúteis; não há ninguém que faça o bem, não há nem um sequer" (Rom 3:10-12).

Nós chegamos ao ponto em que percebemos que *nós* estamos perdidos, e sentimos um profundo medo e uma absoluta impotência envolvendo nossas almas. Nós sentimos nossa vergonha, aflição, impotência e desespero – angústia!

Tudo isso subitamente cessou de ser uma ideia abstrata que lemos a respeito na Bíblia, e se tornou algo que *eu*, de modo assombroso e inescapável, sei ser uma verdade sobre *mim*.

E então, ali mesmo, no meio daquele medo avassalador e daquela consciência profunda de nossa nulidade e fracasso, nós ouvimos a Boa Nova de que a base de nossa aceitação não tem absolutamente nada a ver conosco. Nós ouvimos a Palavra de que nossa aceitação é completamente dependente de outra pessoa: Jesus Cristo.

No meio da noite escura de nossa aflição, nós encontramos a verdade de que o Pai nos tornou aceitáveis e nos recebeu em Jesus. Em meio à terrível percepção de nossa perdição e impotência, vemos que o Pai, em sua maravilhosa graça, retirou de nós a responsabilidade de nos tornarmos aceitáveis e de nos limparmos, e as colocou nas mãos de Jesus. E vemos que Jesus cumpriu sua missão.

Quando aquela Boa Nova entra em nossas almas quebrantadas; quando aquela Palavra é derramada no lugar onde nossa dor está, onde nós vemos, cheiramos e sentimos o gosto de nossa derrota, então começamos a conhecer a glória curativa da Palavra.

Quando conseguimos ver que estamos quebrantados, e quando sentimos o absoluto desespero de nossa impotência em fazer qualquer coisa a respeito disso, e então ouvimos as Boas Novas de Jesus Cristo, as coisas começam a acontecer em nós e através de nós. Quando a verdade da nossa aceitação em Cristo *assim como somos* se mistura com a consciência profunda, pessoal e aflitiva de nossa vergonha e fracasso, ela começa a produzir seus frutos em nós.

Há vários pontos-chave que precisam ser explorados aqui. O primeiro é que escutar a Palavra de nossa aceitação em Jesus produz uma comemoração em nossos corações quebrantados. Nós começamos a viver em um estado de deslumbramento com Deus. Nós nos maravilhamos com Ele, que Ele possa ser tão bom. Em outras palavras, nós começamos a *desfrutar* de Sua companhia, conhecê-Lo e amá-Lo. Nós começamos a gloriar n'Ele. Nós queremos estar perto d'Ele. Não podemos evitar querer conhecer este Deus.

Certamente foi isso que aconteceu com o irmão mais novo na história. No meio da consciência angustiante de sua vergonha, ele foi atingido em cheio pela maravilhosa graça. Tudo o que ele podia fazer era encarar de frente a aceitação incondicional de seu pai. Tudo o que ele podia fazer era recebê-la, e ficar ali a se *maravilhar* com seu pai. Tudo o que ele podia fazer era querer conhecer seu pai, e desfrutar de sua presença – desfrutar de sua graça, deleitar-se nela, gloriar-se nela. É isso que começa a acontecer quando a verdade sobre Deus adentra nossas almas entristecidas.

O segundo ponto-chave é que quando descobrimos que somos aceitos em Cristo, começamos a ser livres para sermos nós mesmos. Isso acaba com a causa principal de nosso "esconder-se": o medo de sermos expostos. Nós começamos a ser livres para sermos verdadeiros, para baixar nossas guardas e tirar nossas máscaras.

A igreja começa a respirar "graça", porque todos ali estão na mesma sintonia. Eles estão ali porque são fracassados, e porque sabem, nas profundezas de seus seres, que o são; e eles ouviram a boa Palavra de Cristo e, portanto, sabem que são aceitos como fracassados em Jesus Cristo, e são recebidos como pecadores. Então não há razão para se esconder e fingir. A base da nossa aceitação não está em nós; está em Jesus. Não há razão para usar algum tipo de *persona*.

Então, uma coisa maravilhosa começa a acontecer. Ela é chamada de comunhão no Novo Testamento. A comunhão da igreja não é uma comunhão santa de pessoas boas. É uma comunhão de pecadores maravilhados. É uma comunhão de pessoas que chegaram ao fim de si mesmas e da religião, que sabem que não podem se acertar com Deus, que sabem que falharam, e que descobriram que apesar de ainda serem pecadores, Deus os reconciliou – Ele acertou sua relação com elas em Jesus. E este conhecimento faz surgir a liberdade de sermos nós mesmos e de nos expor.

A porta para a verdadeira comunhão se abre quando o perdão divino que está criando raízes na alma sofrida de um pecador e o perdão divino que está criando raízes na alma sofrida de outro pecador se *encontram* em um Espírito de aceitação. Não há condenação.

A comunhão cristã é produzida na consciência mútua da maravilhosa graça de Deus. E nesta atmosfera de celebração do perdão e da esperança, há uma oportunidade, talvez pela primeira vez, de começarmos uma relação uns com os outros. A liberdade de sairmos de nossos esconderijos e de sermos nós mesmos cria uma oportunidade de encontrarmos uma cura verdadeira em nosso quebrantamento, e algumas mudanças verdadeiras em nossas vidas. Pois, finalmente, nós temos confiança suficiente para sermos conhecidos, e a esperança de haver soluções verdadeiras.

O terceiro ponto-chave é que, à medida que nos damos conta de nossa profunda carência, à medida que a encaramos honestamente, à medida que nos tornamos agudamente conscientes de nossa impotência e sentimos nosso desespero, e à medida que encontramos esperança em Jesus Cristo, nós começamos a irradiar. À medida que nos percebemos como perdidos e em seguida aceitos *como fracassados* em Cristo, à medida que vemos que nosso relacionamento com Deus não tem nada a ver conosco e tudo a ver com o Seu ato em Cristo, à medida que começamos a desfrutar de Deus e de Sua absoluta bondade com outras pessoas na comunhão do perdão, nós começamos a emitir uma certa vibração.

À medida que a graça de Deus começa a permear as nossas almas feridas, nós espontaneamente começamos a emanar graça para as outras pessoas. Em vez de sentirem que precisam se endireitar quando estão perto de nós, os pecadores começam a se sentir em casa. Eles começam a se sentir incluídos na graça.

A aceitação divina começa a irradiar de nosso ser, e os pecadores ao nosso redor começam a sentir esta aceitação. E isso é, em essência, estender a comunhão da verdadeira igreja, a comunhão do perdão e da aceitação em Cristo, a comunhão da graça, a comunhão da união sem máscaras, a um mundo desesperado, devastado e preso na perdição – até mesmo na perdição religiosa.

É estender a comunhão do Pai e do Filho no Espírito para as pessoas ao nosso redor. É incluí-las na graça que Deus é e que irradia de Seu ser.

Outros pecadores começam a encontrar a graça de Deus através de nós. Outros pecadores começam a sentir o abraço do Pai através de nós. Eles começam a sentir o coração do Pai através de nossos corações.

Quando o conhecimento visceral de nossas falhas e irremediável perdição se encontra com a realidade do perdão do Pai e da aceitação em Cristo, quando eles se cruzam na alma e no Espírito, e aquela maravilha e glória começam a se misturar em nós, um espírito de "não condenação" começa a irradiar de nós. Isto é totalmente invisível, porém muito evidente. É algo sobretudo não-verbal, mas diz muito.

Nós nos tornamos participantes do abraço do Deus que dança. A atração do próprio Jesus Cristo se manifesta através de nós. Ele recebe pecadores e come com eles através de nós. Ele os recebe em sua casa e os aceita através de nós.

Esta é a essência do Cristianismo autêntico – experimentar a gloriosa graça de Deus nas profundezas de nossos próprios fracassos pecaminosos, viver em Sua graça, nos alimentando dela e nos gloriando n'Ele e, por conta disso, irradiando esta mesma graça divina para todos ao nosso redor.

É nessa direção que a igreja do próximo milênio está indo, pois Deus é fiel demais para deixar que seja de qualquer outra maneira. E eu quero estar bem no meio disso tudo. E quero que meu filho esteja lá comigo. Amém.

Que Deus permita que estejamos tão conscientes de nosso fracasso e de Sua graça em Jesus Cristo, que nosso ser mais profundo irradie vida e a esperança. E que nosso Pai permita que outros pecadores como nós encontrem, em nós, o fato de que eles têm uma casa em Jesus Cristo.

Oração e Perguntas para Reflexão

Jesus, obrigado por compartilhar comigo a sua própria experiência do amor do Pai. Envie o seu Espírito para testemunhar para mim que eu também pertenço ao Pai junto contigo. Ajude-me a viver na liberdade e na alegria do abraço do Pai, e ajude-me a amar os outros com o amor que você compartilha com seu Pai e com o Espírito. Amém.

1) Por que você acha que as pessoas se *esforçavam* para ouvir o que Jesus tinha a dizer?

2) De que formas você tem orgulho do Pai de Jesus? De que formas Ele tem orgulho de você?

3) A religião ou as pessoas religiosas fazem você se sentir inadequado, como se você nunca conseguisse alcançar o padrão ou fazer a coisa certa? Por quê? Este sentimento de inadequação vem do Pai de Jesus? Como o seu sentimento de inadequação afeta o seu relacionamento com o Pai de Jesus?

4) Qual é mais bela: a comunhão de pessoas quebrantadas que encontraram a aceitação do Pai, ou a comunhão de pessoas que, em suas próprias mentes, fazem tudo certo?

5) Como a religião o impediu, como fez com o filho mais velho, de experimentar a aceitação do Pai?

6) Como você se esconde do Pai?

7) O que você mais quer do Pai?

Perguntas para Aprofundar a Reflexão

1) Será que Deus Pai recebe os pecadores como Jesus os recebia?

2) Como você responderia a um homem que viesse até você e fizesse o seguinte comentário? "Eu tenho ido à igreja durante toda a minha vida; eu fiz tudo que me disseram para fazer e servi em todos os comitês da igreja, e estou totalmente entediado – nunca mais vou voltar lá!"

3) O que é a graça de Deus?

4) Por que as pessoas fazem coisas ruins para si próprias e para os outros? Qual é a causa principal da dor da alma humana? Como esta causa principal se relaciona à sua visão de Deus?

5) Como a sua incapacidade de deixar o Pai amá-lo afetou seu casamento e seus relacionamentos com amigos próximos?

6) Qual é a relação entre ansiedade e a aceitação do Pai?

7) De que formas você está desapontado com Deus?

8) Por que as pessoas parecem ficar felizes com os erros ou fracassos dos outros?

9) Qual dos dois muda o coração das pessoas: o medo da punição ou o amor do Pai?

10) De que formas você mudaria como pessoa se deixasse o que o Pai o amasse?

11) Por que as pessoas têm uma tendência tão forte de achar que não são aceitáveis para o Pai?

12) Ser rejeitado e abandonado por Deus é o maior medo do coração humano. Por que o Pai o abandonaria?

13) Será que Jesus veio para mudar o coração de Deus? Será que alguém pode mudar o coração de Deus?

14) Por que o Pai o ama?

15) Por que Jesus foi tão perseguido pela elite religiosa de sua época?

16) Em que sentido os dois filhos estavam separados de seu Pai?

17) De que formas você é como o filho mais velho da parábola?

18) Se você pudesse escutar o Pai falar seu nome neste momento, que mensagem estaria em Sua voz?

19) Seu país é mais parecido com o filho mais novo ou com o filho mais velho da parábola?

20) O que aconteceria em seu país se as pessoas acreditassem no Pai de Jesus?

Perichoresis: Um Ministério Trinitário

O Ministério Perichoresis é uma comunidade vibrante, engajada e centrada em Cristo, que promove a fé cristã e a esperança, leva cura a relacionamentos, casamentos e famílias, promove um autêntico senso de comunidade, e faz com que as pessoas se sintam livres para abraçar sua humanidade. Nós aderimos às doutrinas cristãs históricas da Encarnação e da Trindade, e estamos determinados a levar o Evangelho ao maior número possível de pessoas.

- Nós cremos no Deus trino, Pai, Filho e Espírito, e cremos que este Deus criou, reconciliou e abraçou o mundo no Filho Encarnado, Jesus Cristo, como era Seu propósito eterno.

- Nós cremos que Jesus Cristo é o Filho eterno do Pai, compartilhando ser, vida e todas as coisas com o Pai e Espírito, e que este Filho se tornou humano para nossa salvação. Ele morreu para acabar com o nosso distanciamento. Ele ressuscitou para nos dar um novo nascimento. Ele ascendeu para nos levar a seu Pai.

- Nós cremos que no Filho Encarnado, Crucificado, Ressuscitado e Ascensionado a raça humana e a criação foram elevadas ao grau de união com o Pai, o Filho e o Espírito.

- Nós cremos que Jesus Cristo é ele mesmo a união entre a Trindade, a humanidade e a criação, e que este relacionamento é a verdade das verdades, subjacente à própria criação, à existência humana e à história dela.

- Nós cremos que o Deus Trino está, neste momento, agindo em toda a criação, revelando a verdade de nossa adoção em Jesus Cristo, dissipando a ilusão e escuridão que nos aprisionam, para que possamos descobrir, crer e experimentar nossa inclusão no relacionamento do Filho com seu Pai no Espírito.

- Nós cremos que a Igreja é chamada a participar do trabalho do Espírito de revelar a verdade sobre Deus, a humanidade e a criação, até que conhecimento do Deus Trino preencha a Terra e toda a criação como as águas cobrem os mares.